BEI GRIN MACHT SICH IHR WISSEN BEZAHLT

- Wir veröffentlichen Ihre Hausarbeit, Bachelor- und Masterarbeit

- Ihr eigenes eBook und Buch - weltweit in allen wichtigen Shops

- Verdienen Sie an jedem Verkauf

Jetzt bei www.GRIN.com hochladen und kostenlos publizieren

Elias Hoffmann

Aus der Reihe: e-fellows.net stipendiaten-wissen

e-fellows.net (Hrsg.)

Band 994

Evaluierung eines Lehrkonzepts in der Informatik am Übergang Schule-Hochschule

GRIN Verlag

Bibliografische Information der Deutschen Nationalbibliothek:

Die Deutsche Bibliothek verzeichnet diese Publikation in der Deutschen National-bibliografie; detaillierte bibliografische Daten sind im Internet über http://dnb.d-nb.de/ abrufbar.

Impressum:

Copyright © 2014 GRIN Verlag GmbH
Druck und Bindung: Books on Demand GmbH, Norderstedt Germany
ISBN: 978-3-656-74262-3

Dieses Buch bei GRIN:

http://www.grin.com/de/e-book/280100/evaluierung-eines-lehrkonzepts-in-der-informatik-am-uebergang-schule-hochschule

GRIN - Your knowledge has value

Der GRIN Verlag publiziert seit 1998 wissenschaftliche Arbeiten von Studenten, Hochschullehrern und anderen Akademikern als eBook und gedrucktes Buch. Die Verlagswebsite www.grin.com ist die ideale Plattform zur Veröffentlichung von Hausarbeiten, Abschlussarbeiten, wissenschaftlichen Aufsätzen, Dissertationen und Fachbüchern.

Otto-von-Taube-Gymnasium Gauting
TUMKolleg 2012–2014

Technische Universität München
Fakultät für Informatik

Forschungsarbeit: **Evaluierung eines Lehrkonzepts in der Informatik am Übergang Schule–Hochschule**

Verfasser:
    Elias Hoffmann

Abgabetermin:
    8. Januar 2014

Bewertung: 15 Punkte

Abstract

The department of computer science at the *Technische Universität München* provides workshops of two and a half days for their first semester students. The courses take place in small groups with twelve participants on average and are held by peer tutors. The students develop a computer game, improve their programming skills and make first contact with the university and their fellow students.

The evaluation of past courses determined that the existing project *MasterMind* was too easy for some students. Therefore, the more demanding project *Reversi* was designed. Students who estimated their longest previous program to have more than 100 lines of code worked on *Reversi*, those with less or no programming knowledge dealt with *MasterMind*.

In order to compare the two projects and to figure out the influence of Fleming's *V.A.R.K. learning styles* as well as stereotypes, the students were asked to fill in a questionnaire after completing the workshop. The analysis of 214 responses revealed a constantly high level of sense of achievment among all participants but a perception of rather low attainment of further programming skills among students with a subjectively high level of precognition. Most of the female students assessed themselves at a low level of precognition in programming and had a higher feeling of knowledge gain.

Furthermore, the constructed stereotypes *gamer* and *socializer* were more frequently found among the students than *programmers*. The V.A.R.K. test indicated that the largest number of students preferred a *kinesthetic* learning style. The other possible styles *aural*, *read/write*, *visual* and combinations of styles were found in smaller numbers.

Inhaltsverzeichnis

1 Einführung

1.1 Einstieg ins Informatikstudium

In den letzten Jahren konnte eine wachsende Bedeutung der Informatik festgestellt werden. Das Statistische Bundesamt (2013) hat im Studienjahr 2013 über 15 000 Studierende an deutschen Universitäten gezählt, das ist ein Anstieg um 9,0 % im Vergleich zum Vorjahr. Der deutsche Verband der Informations- und Telekommunikationsbranche BITKOM (2013) vermeldete 29 000 offene Stellen für IT-Experten, insbesondere Software-Entwickler.

Die *Technische Universität München* bemüht sich, den Studienanfängerinnen und -anfängern einen persönlichen Übergang von der Schule in die Universität und einen erfolgreichen Einstieg in das Studium zu ermöglichen. Unter anderem werden an der Fakultät für Informatik vor Beginn des ersten Semesters zweitägige Workshops, so genannte *Vorprojekte*, angeboten.

In kleinen Gruppen und mit intensiver Betreuung durch studentische Mentorinnen und Mentoren wird die Programmierung eines Computerspiel umgesetzt. Durch die Bearbeitung der Aufgabe sollen die Studierenden ein erstes Erfolgserlebnis an der Universität erlangen und ihre Programmierkenntnisse erweitern. Weitere Ziele sind, eine „lockere Form des Erstkontakts" zu bieten und eine Eingewöhnung in das universitäre Umfeld zu ermöglichen (Capovilla und Hubwieser, 2012a).

1.2 Das Vorprojekt Reversi

Bei den Vorprojekten im Wintersemester 2012/2013 wurde festgestellt, dass Studienanfängerinnen und -anfänger mit guten Vorkenntnissen, insbesondere in der objektorientierten Programmierung, durch die Aufgabenstellung des damaligen Vorprojektes *MasterMind* deutlich unterfordert waren (Capovilla und Hubwieser, 2012a). Deshalb wurde im Rahmen dieser Forschungsarbeit das Projekt *Reversi* erstellt. Es soll eine kompliziertere Aufgabe darstellen und so für die erfahreneren Teilnehmenden geeignet sein.

Eine Besonderheit des Projekts *Reversi* ist, dass mit Hilfe der *Game-Engine Unity*[1] ein voll funktionsfähiges und graphisch ansprechend darstellbares Computerspiel erstellt werden kann. Das Spiel, das im Projekt *MasterMind* entwickelt wird, nutzt hingegen nur die Ein- und Ausgabe von Text. Des weiteren wurde für *Reversi* ein Grundgerüst vorgegeben, auf das die Studierenden aufgebaut haben, während *MasterMind* nahezu keinen Code vorgibt.

---

[1]Game-Engines sind ein Programmgerüst für Computerspiele. Sie kontrollieren beispielsweise den Verlauf des Spieles und die graphische Visualisierung. Siehe auch den Artikel *Spiel-Engine* in der Wikipedia. Für *Unity* siehe `http://unity3d.com/`. Zuletzt abgerufen am 6. Januar 2014.

Im Wintersemester 2013/2014 wurde das Vorprojekt *Reversi* ergänzend zum Projekt *MasterMind* durchgeführt. Die Studierenden, die nach eigenen Angaben überdurchschnittliche Vorkenntnisse im Programmieren besaßen, bearbeiteten *Reversi*, diejenigen mit nur geringen oder keinen Erfahrungen *MasterMind*.

1.3 Forschungsfrage

Zunächst bestand die Überlegung, dass sich Unterschiede bei der Wahrnehmung des Erfolges zwischen den Teilnehmenden im Projekt *MasterMind* und *Reversi* aufzeigen. Da die Studierenden im Projekt *Reversi* die größten Vorkenntnisse in der Programmierung hatten, wurde angenommen, dass sie bereits Erfolgserlebnisse beim Entwickeln von Programmen hatten. Ein gleichbleibendes Erfolgsgefühl bei vergleichbarem Schwierigkeitsgrad schien unwahrscheinlich, somit wurde eine niedrigere Einschätzung des Erfolgserlebnisses erwartet. Außerdem wurde im Aufbau der beiden Projekte ein Einfluss auf das Erfolgserlebnis vermutet.

Bei *MasterMind* erstellten die Studierenden ihr Projekt weitgehend selbst, während für *Reversi* mit der Game-Engine Unity und dem vorgegebenen Coderumpf ein umfangreiches Grundgerüst vorgegeben wurde, auf das aufgebaut wurde. Es wurde erwartet, dass die Studierenden ihre erreichte Leistung bei *Reversi* schlechter von der Vorgabe abgrenzen können als bei *MasterMind* und deshalb auch das Erfolgserlebnis geringer angesehen wird.

Des weiteren wird der Frage nachgegangen, inwieweit stereotype Merkmale bei den Studierenden zutreffen. Die erstellten Stereotypklassen *Gamer*, *Programmierer* und *Socializer* werden unter verschiedenen Gesichtspunkten verglichen. Unter anderem wurde ein Lerntypentest durchgeführt, um die Vorlieben für bestimmte Arten der Informationsaufnahme einzubeziehen.

In dieser Arbeit werden sowohl die Studierenden der beiden Projekte als auch die Personen der entwickelten Stereotypklassen miteinander verglichen. Dadurch sollen zukünftige Projekte näher an den Bedürfnissen der Studierenden ausgerichtet werden und die Studierenden einen angenehmen Einstieg in ihre universitäre Karriere an der Technischen Universität München erhalten.

2 Methodik

2.1 Konzept der Vorprojekte

Die Vorprojekte zum Wintersemester 2013/2014 fanden einige Wochen vor Semesterbeginn statt und bestanden aus fünf Einheiten à 3 Stunden, die sich über zweieinhalb Tage erstreckten. Bei der Anmeldung konnten die Studierenden aus vier verschiedenen Zeitpunkten und den drei unterschiedlichen Vorkenntnisstufen in Tabelle 2.1 wählen. Entsprechend der Auswahl wurden homogene Gruppen gebildet, um nicht durch ungleiche Arbeitsfortschritte einzelne Teilnehmende zu demotivieren. Je nach Vorkenntnisstufe variierten auch die zu bearbeitenden Aufgaben. Deshalb ermöglichte die Gruppeneinteilung eine gezielte Vorbereitung der Tutorin oder des Tutors auf nur eine Aufgabenstellung. 323 Angemeldete wurden so auf 26 Gruppen mit durchschnittlich 12 Personen verteilt.

Tab. 2.1: Selbsteinschätzung der Vorkenntnisse

Level	Beschreibung
L1	Ich habe keine Vorkenntnisse
L2	Mein längstes Programm bestand aus weniger als 100 Zeilen Code
L3	Mein längstes Programm bestand aus mehr als 100 Zeilen Code

In jeder der Gruppen betreute eine Tutorin oder ein Tutor aus einem höheren Semester das Projekt. Diese wurden gezielt ausgewählt, in pädagogischer und fachlicher Hinsicht auf ihre Aufgabe vorbereitet und als studentische Hilfskräfte vergütet. Eine detaillierte Schilderung des verwendeten Peer-Tutorings ist der Veröffentlichung über die Vorprojekte von Capovilla et al. (2014) entnehmbar.

Während die Studierenden aller Vorkenntnisstufen im Wintersemester 2012/2013 das Projekt *MasterMind* bearbeiteten, wurde im Semester 2013/2014 den Personen der Gruppe L3 das Projekt *Reversi* zugeteilt. L1 und L2 lösten weiterhin die *MasterMind*-Aufgabe. Alle Studierenden sollten ihr eigenes Programm entwickeln, eine Partner- oder Gruppenarbeit zur Problemlösung wurde jedoch ausdrücklich unterstützt, um den sozialen und kommunikativen Aspekt der Vorprojekte zu fördern.

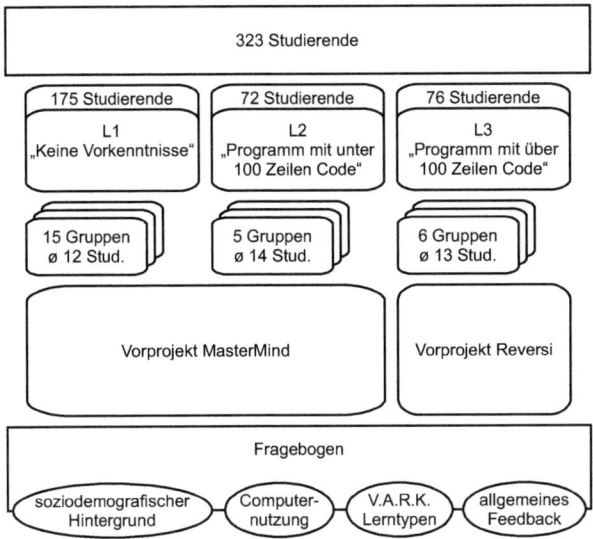

Abb. 2.1: Das Forschungsdesign für die Vorprojekte

2.2 Forschungsdesign

Die Durchführung der Vorprojekte erfolgte in einer quasi-experimentellen Interventions-studie mit Posttest-Auswertung. Eine schematische Übersicht über das Forschungsdesign ist in Abbildung 2.1 zu sehen.

Ein experimenteller Aufbau, also eine Randomisierung oder Parallelisierung der Un-tersuchungsgruppen, war nicht sinnvoll, da der Fokus bei den Vorprojekten auf einer er-folgreichen Teilnahme der Studierenden lag. Die Projekte *Reversi* und *MasterMind* hatten bewusst zwei verschiedene Schwierigkeitsgrade, eine absichtliche Mischung der Projekt-gruppen nach Vorkenntnissen zu experimentellen Zwecken wäre also unverantwortlich.

Die Intervention erfolgte bei allen Vorkenntnisstufen mit der Durchführung des Pro-jektes *MasterMind* beziehungsweise *Reversi*. Eine Kontrollgruppe, die kein Projekt bear-beitet, würde auch hier wieder dem Grundgedanken der Vorprojekte widersprechen und auch bei den in dieser Arbeit betrachteten Kriterien kaum relevant sein.

Der Posttest im verwendeten Studiendesign bestand aus einem Fragebogen, der von den Teilnehmenden nach Bearbeitung des Projektes auf freiwilliger Basis ausgefüllt wurde.

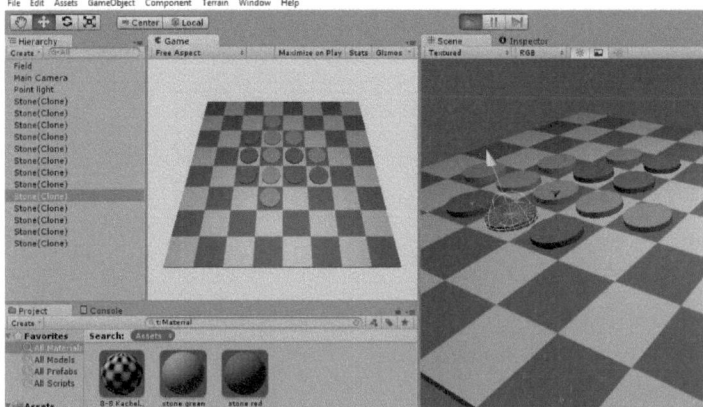

Abb. 2.2: Screenshot der *Reversi*-Projektansicht in *Unity*

2.3 Das Projektspiel Reversi

2.3.1 Wahl des Spiels

Die Entscheidung für ein bestimmtes Computerspiel als Ziel der Vorprojektes fiel auf das Spiel Reversi[1]. Von Vorteil ist zunächst, dass das Brettspiel lediglich aus einem acht mal acht Felder großen Spielbrett und 64 Spielsteinen in zwei Farben besteht. Dies macht es vergleichsweise einfach zu visualisieren. Außerdem gilt das Spiel als Klassiker und wird auch unter dem Namen *Othello* vermarktet (Technische Universität Dresden – Fakultät Informatik, 2014). Dadurch wurde eine erhöhte Motivation der Teilnehmenden für das Bearbeiten des Projekts erhofft.

2.3.2 Umsetzung des Spiels

Zur Umsetzung des Spiels wurde *Unity*, eine Game-Engine mit integrierter Entwicklungsumgebung, verwendet. Zum einen können in *Unity* dreidimensionale Spielumgebungen erzeugt werden können. Zum anderen ermöglicht *Unity* verschiedene Änderungen am Erscheinungsbild des Spieles vorzunehmen (Unity Technologies ApS, 2014a). Dadurch sind nach vollendeter Programmierung des Spiels in der Grundform zusätzliche Bearbeitungs- und Ausbaumöglichkeiten vorhanden, auf die später noch näher eingegangen wird. Da *Unity* in der Basisversion unter freier Lizenz verfügbar ist (Unity Technologies ApS, 2014b), können die Studierenden die Software auch in ihrer Freizeit kostenlos weiternutzen. Abbildung 2.2 zeigt das geöffnete Projekt *Reversi* in *Unity*.

Um den Projektteilnehmenden einen möglichst direkten Einstieg in die Programmierung zu ermöglichen, beginnen sie nicht bei Null, sondern erhalten ein Grundgerüst des

---

[1]Siehe auch den Artikel *Reversi* in der Wikipedia.

fertigen Spiels. In diesem ist vor allem das Zusammenspiel der Spiellogik mit der grafischen Umsetzung von Unity enthalten, dessen Programmierung tiefer greifendes Wissen über die Game-Engine voraussetzt. Da das Projekt jedoch allgemein anwendbare Programmierfähigkeiten vermitteln soll, setzen die Studierenden in erster Linie die Spielregeln von Reversi am Computer um. Diese logischen Strukturen werden separat von der grafischen Anzeige in ein Skript in der Programmiersprache *C#* geschrieben und sollten sich mit grundlegendem Wissen umsetzen lassen. Das restliche Spiel greift auf dieses Skript zu und setzt die Befehle graphisch um. Dadurch ist eine Trennung der Programmlogik und der grafischen Umsetzung gegeben. Dies entspricht auch dem *Muster* (universelles Lösungskonzept) *Model View Controller* (Gamma, 2004, S. 5).

2.3.3 Das Arbeitsheft

Die Teilnehmenden erhielten zusätzlich zum Unity-Grundgerüst auch ein 14-seitiges Arbeitsheft, das die Bearbeitung des Projektes begleiten sollte. Im ersten von drei Teilen werden alle für das spätere Programmieren nötigen Grundlagen knapp mit Beispielen aufgezeigt und erläutert. Ebenso werden die Unterschiede zwischen *C#* und *Java* genannt, da insbesondere bayrische Abiturienten *Java* bereits in der Schule kennengelernt haben (Capovilla und Hubwieser, 2012b) und so auf ihr Wissen aufbauen können.

Der zweite Abschnitt erklärt das Regelwerk des Spiels *Reversi*. Dies ist nötig, da zum einen die Spielregeln trotz der Bekanntheit *Reversis* nicht vorausgesetzt werden können und zum anderen auch verschiedene Spielvarianten existieren (Eidgenössische Technische Hochschule Zürich – Department of Computer Science, 2014). Aus der Anleitung lässt sich auch ein erstes Konzept extrahieren, wie man die Regeln in logische Strukturen für die Ausführung durch den Computer übertragen kann.

Zuletzt werden konkrete Arbeitsanweisungen gegeben. Die Studierenden werden über die allgemeine Handhabung der verwendeten Software instruiert und anschließend mit mehreren kleinen Vorübungen schrittweise an das Programmieren von Reversi selbst herangeführt. Dadurch soll dem Wunsch der Teilnehmenden sowie der Tutorinnen und Tutoren des Vorjahres nach klareren Aufgabenstellungen und ausführlicheren Beschreibungen (Capovilla und Hubwieser, 2012a) entsprochen werden.

Um auch besonders schnelle Studierende für die gesamte Projektdauer zu fordern, werden nach der Fertigstellung des Spiels in der Grundversion verschiedene weiterführende Aufgaben angeboten. Diese sind deutlich freier formuliert als die Anforderungen an das Grundspiel und geben Möglichkeiten zur kreativen Entfaltung. Es besteht zum Beispiel die Wahl zwischen der Erweiterung des Spiels um eine Sonderregel, der Umsetzung einer grafischen Anzeige mit beliebigen Informationen, der Änderung des Erscheinungsbildes des Spieles und der Implementierung eines anspruchsvollen Computergegners.

2.4 Das Projektspiel MasterMind

Wie bereits erwähnt, wurde parallel zum Projekt *Reversi* auch das Projekt *MasterMind* angeboten, bei der das gleichnamige Spiel in einer PC-Version erstellt wird. Eine detaillierte Erklärung des Projektes ist in den bisherigen Veröffentlichungen zu finden (Capovilla et al., 2014; Capovilla und Hubwieser, 2012a; Hubwieser und Berges, 2011).

2.5 Das Lehrkonzept Mastery Learning

Das Vorprojekt *MasterMind* orientiert sich sehr stark am Modell des *Mastery Learnings* von Bloom (1968) (Capovilla et al., 2014). Dabei wird der Unterrichtsstoff in mehrere kleine Einheiten unterteilt, die von den Lernenden im eigenen Tempo bearbeitet werden. Nach Abschluss einer Einheit wird das neue Wissen durch eine Lehrkraft oder vergleichbare Person abgefragt, einzelne Teile werden gegebenenfalls gemeinsam wiederholt. Ist die nötige Wissensstufe sichergestellt, wird die nächste Lerneinheit freigegeben (Bloom, 1968).

Da die Studierenden beim Projekt *Reversi* ein überdurchschnittliches Vorwissen mitbrachten, wurde das *Mastery Learning* nur bedingt umgesetzt. Es wurde davon ausgegangen, dass alle Teilnehmenden bereits grundlegende Programmierkenntnisse hatten, oder diese mit Hilfe des Arbeitsheftes selbstständig erlernen konnten. Da mit diesem Wissen alle Aufgabenteile bearbeitet werden konnten und insbesondere die weiterführenden Aufgaben nicht aufeinander aufbauend gestaltet wurden, war eine Überprüfung der Teillösungen durch die Tutorin oder den Tutor nicht zwingend. Es gab jedoch Hinweise im Arbeitsheft, an welchen Stellen ein Absprechen der eigenen Lösungsidee mit der Tutorin oder dem Tutor empfehlenswert ist. So sollte eine Programmierung ohne große Erfolgsaussicht verhindert und ein zielstrebiges Lösen der Aufgaben gefördert werden.

2.6 Datenerhebung

Für die Anmeldung und Gruppeneinteilung wurden Daten der Studierenden erhoben, die aus datenschutzrechtlichen Gründen nicht angehängt werden dürfen. Sie können jedoch auf Anfrage eingesehen werden.

Die Teilnehmenden füllten nach der Bearbeitung des Kurses einen Fragebogen aus. Hierfür wurde ein Online-Fragebogen mit *LimeSurvey*[2] erstellt, der vom 15. September 2013 bis zum 16. Oktober 2013 erreichbar war. Die Beantwortung geschah wahlweise direkt im Anschluss an das Projekt oder erst zu Hause. Dabei wurden folgende Daten abgefragt:

- Eine vierstellige Kennziffer für eine spätere Zuordnung
- Der soziodemografische Hintergrund
- Die bisherige Schulbildung
- Die Studienplatzwahl
- In welcher Form bereits programmiert wurde (z. B. durch Modifizieren bestehender Programme oder der selbstständigen Entwicklung von Grund auf)
- Auf welche Weise Programmierkenntnisse erlangt wurden (z. B. durch Schulunterricht oder Selbststudium) und die Nutzung des Computers zur Bildung von Stereotypen (siehe Kapitel 2.6.2)

Außerdem wurde ein *V.A.R.K.-Test* von Neil Fleming eingebaut, der den Lerntyp der Befragten ermitteln sollte und 13 Fragen umfasste. Auf ihn wird in Kapitel 2.6.1 näher eingegangen.

---

[2]Siehe auch `http://www.limesurvey.org/de/`. Zuletzt abgerufen am 6. Januar 2014.

Während der Durchführung der Vorprojekte wurden sowohl einzelne Studierende als auch Tutorinnen und Tutoren des *Reversi*-Kurses stichprobenartig nach ihren Eindrücken vom Vorprojekt befragt. Zusätzlich wurden die erreichten Lerneinheiten der Teilnehmenden im *MasterMind*-Projekt durch die Tutorinnen und Tutoren in so genannten *Lernfortschrittstabellen* festgehalten. Der erstellte Programmcode wurde in beiden Projekten mit Hilfe eines php-Skripts jeweils nach jeder dreistündigen Vor- sowie der Nachmittagskurseinheit auf einen Server der Universität hochgeladen. Die Lernfortschrittstabellen und der hochgeladene Code wurden im Rahmen dieser Arbeit jedoch nicht analysiert.

2.6.1 V.A.R.K. Lerntypen

Fleming unterscheidet in seinem V.A.R.K. Modell die Typen *visual (V)*, *aural (A)*, *read/write (R)* und *kinesthetic (K)* (Fleming, 1995). Diese haben jeweils unterschiedliche Vorlieben zur sensorischen Informationsaufnahme. Der V-Typ verarbeitet Informationen vorwiegend optisch mit Hilfe von Grafiken, Diagrammen und Karten. Das „learning by ear" ist laut Fleming von den akustisch geprägten A-Typen bevorzugt. Menschen mit R-Typ nutzen vorwiegend Lesen und Schreiben zur Informationsverarbeitung. Der anwendungsorientierte K-Typ nutzt verschiedene Sinne wie Fühlen, Hören und Schmecken gleichzeitig, um zu lernen.

In Flemings Fragebogen[3] werden zu verschiedenen alltäglichen Situationen wie der Entscheidungsfindung beim Buchkauf mehrere typenspezifische Handlungsmöglichkeiten angeboten, aus denen gewählt wird. Durch Addition der Antworten für jede der vier Kategorien lassen sich ein oder mehrere Lerntypen zuordnen.

2.6.2 Stereotype

Im Vorfeld der Datenerhebung wurde bei einem Brainstorming mit dem Organisationsteam der Vorprojekte das Bild der typischen Studierenden im Fach Informatik reflektiert. Dabei wurden mehrere Stereotype[4] ausgewählt.

Das Vorprojekt *Reversi* wurde in enger Kooperation mit dem *Fachgebiet Augmented Reality* der Fakultät für Informatik erstellt, welches wiederum überwiegend den Bachelorstudiengang *Games Engineering* betreut. Aus diesem Kontext bildete sich die Vermutung, dass zahlreiche Studierende an der Technischen Universität München mit Computerspielen vertraut sind. Diese Gruppe soll im Stereotyp *Gamer* widergespiegelt werden.

Programmieren stellt ein mächtiges Werkzeug der Informatik dar und wird laut Carter (2006) auch oft mit dem Studiengang Informatik in Verbindung gebracht. Deshalb wurde das Stereotyp des *Programmierers* einbezogen.

Ein weiteres Stereotyp wurde im *Socializer*, einem Nutzer sozialer Netzwerke und digitaler Kommunikation, gesehen. Diese Überlegung basiert auf der hohen Popularität der Internetkommunikation unter Jugendlichen und jungen Erwachsenen. So ermittelte das

---

[3]Verfügbar unter `http://www.vark-learn.com/documents/german.pdf`. Zuletzt abgerufen am 6. Januar 2014.

[4]Für eine Definition des Begriffs *Stereotyp* siehe `http://lexikon.stangl.eu/630/stereotyp/`. Zuletzt abgerufen am 6. Januar 2014.

Institut *forsa* im Auftrag der BITKOM (2011b) beispielsweise, dass 94 % der Internet-nutzer unter 30 Jahren soziale Netzwerke aktiv nutzen.

Es wurde angenommen, dass sich diese Stereotype in der zeitlichen Nutzung des Com-puters großteils widerspiegeln und nicht zum Beispiel ein Socializer die meiste Zeit am Computer zum Spielen verwendet. So konnten die Stereotype operationalisiert werden. Im Fragebogen wurde nach der Nutzung des Computers für die Tätigkeiten *Spielen von Computerspielen*, *Programmieren*, *Nutzung sozialer Netzwerke* und *Anderes* gefragt.

Eine direkte Einordnung in die Stereotype wurde absichtlich vermieden, da eine Hem-mung bestehen könnte, sich etwa als Gamer zu bezeichnen. Dieser Störfaktor, der als *sozial erwünschtes Antwortverhalten* bezeichnet wird, soll durch die indirekte Abfrage geschwächt werden. Ein Durchschauen der Frage seitens der Studierenden kann natürlich dennoch nicht völlig ausgeschlossen werden. Da letztendlich keine Stereotypen selbst ab-gefragt wurden, sondern nur die damit assoziierten Eigenschaften, wird im folgenden bei der Bezeichnung der Gruppen der Begriff *Stereotypklassen* verwendet.

Auf mehrere Fragen zur Einteilung in die Stereotypklassen wurde bewusst verzichtet. Die verwendete Frage zur Zeiteinteilung bei der Computernutzung war leicht zu verste-hen und ist ohne viel Nachdenken beantwortbar. Dies ist bei Fragen zu weiteren Aspek-ten des Stereotypbegriffs und alternativen Formulierungen nicht unbedingt gewährleistet. Außerdem würden weitere Fragegruppen die Beantwortung der Umfrage verlängern und dadurch die Konzentration der Studierenden unnötig belasten.

2.7 Datenauswertung

In *LimeSurvey* werden die Antworten von Umfragen als Rohdaten und durch Trennzei-chen separiert (so genannte *Faktorwerte*) in einer CSV-Datei gespeichert. Die Auswertung erfolgte mit der freien Statistiksoftware *R*[5] (Version 3.0.2). Dafür wurden diese Faktoren mit Hilfe einer von *LimeSurvey* automatisch generierten Parserdatei[6] zu Nominalwerten modifiziert und in ein Framework[7] eingebunden. So können sie mit *R* einfach aufgerufen und ausgewertet werden. Bereits in dieser Datei wurden teilweise bei Fragen mit Likert-Skala[8] die Antwortmöglichkeiten durch entsprechende Zahlen ersetzt, um anschließend mit ihnen rechnen zu können. Eine Umwandlung in den zugehörigen Datentyp erfolgte jedoch erst später.

In einem separaten Skript für *R* wurden die 250 abgeschickten Fragebögen zunächst hinsichtlich der Plausibilität gefiltert. Dabei wurden 36 Datensätze entfernt, deren Aus-füllzeit mit unter vier Minuten unrealistisch gering war. Anschließend wurden die bereits früher genannten Zahlen in den Antworten vom Typ *character* in den Typ *numeric* umge-wandelt, um sie rechnerisch nutzten zu können. Außerdem wurden im Skript alle Funk-

---

[5]Siehe auch `http://www.r-project.org/`. Zuletzt abgerufen am 6. Januar 2014.
[6]Parser wandeln Daten verschiedenster Art um, wodurch diese für die weitere Verwendung nutzbar werden.
[7]Ein Framework ist das Grundgerüst einer Entwicklungsumgebung. In der verwendeten Form enthielt es lediglich die Ergebnisse der Umfragedaten in geordneter Struktur.
[8]Likert-Skalen geben mehrere ordinal skalierte Antwortmöglichkeiten zu einer positiv oder negativ for-mulierten Aussage. Im verwendeten Fragebogen wurden beispielsweise die Möglichkeiten *Selten – Manch-mal – Häufig – Meistens* angegeben.

tionen zur Evaluierung der Daten sowie der Erstellung der Grafiken festgehalten, um eine einfache Reproduzierbarkeit der Analyse zu gewährleisten.

Ein Großteil der Fragen bestand aus Aussagen, die anhand einer Likert-Skala mit vier oder fünf Punkten (z. B. von *1 – (fast) gar nicht* bis *5 – (fast) ausschließlich*) bewertet wurden. Diese eigentlich ordinale Skalierung wird als Intervallskala verwendet, wodurch eine Bildung des arithmetischen Mittels und die Durchführung eines *Two Sample t-Tests* zum Vergleich von Teilgruppen legitim ist (Sedlmeier und Renkewitz, 2008, S. 65). Ergebnisse der t-Tests wurden als signifikant angesehen, wenn der *Signifikanzwert p* weniger als 0,05 betrug, eine Zufälligkeit des beobachteten Ereignisses also unter 5 % lag. Ermittelte p-Werte wurden auf eine gültige Ziffer genau angegeben, Mittelwerte und Prozentangaben auf zwei gültige Ziffern gerundet. Fehlende Angaben in Fragebögen wurden durch die Funktion *na.omit( )* von den Berechnungen ausgeschlossen.

Zur Auswertung des freien Feedbacks im Fragebogen und der persönlich erhobenen Einschätzungen der Beteiligten an den Vorprojekten wurden die einzelnen Aussagen in Kategorien zusammengefasst. Es wurden 48 Antworten aus dem Feedbackteil des Fragebogens und eine Stellungnahme eines Tutors verwendet. Die Positionen der Studierenden, die während der Projekte erfragt wurden, sind in die quantitative Erhebung nicht einbezogen worden, da eine erneute Nennung im Fragebogen nicht ausgeschlossen werden konnte. Dieses Vorgehen vermied die doppelte Gewichtung einzelner Punkte. Wurden von einer Person mehrere Aussagen in ihrer Antwort getroffen, so wurden die einzelnen Anmerkungen auch mehreren Kategorien zugeordnet. Es konnten insgesamt 18 Kategorien gebildet werden, unter anderem *Lob allgemein, Wunsch nach schwierigerem Projekt* und *Wunsch nach mehr Zeit*.

3 Ergebnisse

Insgesamt wurden von den 323 Teilnehmenden 214 plausible Datensätze abgegeben (siehe Kapitel 2.7). Die Antworten werden im Folgenden näher analysiert.

3.1 Projekterfolg

Tabelle 3.1 zeigt Angaben über den subjektiven Lernerfolg und das Erfolgserlebnis der Teilnehmenden an den Vorprojekten, jeweils unterteilt nach L1, L2 und L3 (selbsteingeschätzes Vorwissen, siehe Tabelle 2.1 auf Seite 3) bzw. nach Geschlecht. Unabhängig von der separaten Betrachtung nach L1, L2 und L3 wurde das *Erlangen eines Erfolgserlebnisses* (im Folgenden *EE*) bei den Projekten auf der 5-Punkte-Skala mit mindestens 3,8 angegeben. Der Mittelwert beträgt 3,8 bei einer Standardabweichung von 0,81.

Der *Wissenszuwachs* (im Folgenden *WZ*) wurde bei L3 signifikant niedriger angegeben als bei L1 ($p < .01$[1]) oder L2 ($p < .01$). Auch der *Zuwachs an Programmierkenntnissen* (im Folgenden *ZP*) war bei L3 signifikant geringer als bei L1 ($p < .01$) und L2 ($p < .01$). Sowohl der WZ ($p > .1$) als auch der ZP ($p > .4$) ergaben keine Signifikanz beim Vergleich zwischen L1 und L2.

Tab. 3.1: Gruppenvergleiche

Gruppe	Gruppen-stärke	Wissenszuwachs (WZ)	Programmier-kenntnisse (ZP)	Erfolgserlebnis (EE)
L1	94	3,9	3,8	3,8
L2	51	3,6	3,6	4,0
L3	68	2,8	2,4	3,8
Männlich	162	3,4	3,2	3,9
Weiblich	46	3,8	3,7	3,8
insgesamt	214	3,5	3,3	3,8

Die Tabelle zeigt verschiedene subjektive Bewertungen der Vorprojekte aller Studierenden und getrennt nach Geschlecht sowie Vorkenntnis. Die Skala reicht von *1 = Kein/e* bis *5 = Sehr groß/er/es*. L1, L2 und L3 sind ist die selbst eingeschätzten Vorkenntnisse der Teilnehmenden nach Tabelle 2.1. *L1*: Keine Vorkenntnisse, *L2*: Längstes Programm unter 100 Zeilen Code, *L3*: Längstes Programm über 100 Zeilen Code.

Männer gaben sowohl den WZ ($p < .02$) also auch den ZP ($p < .01$) signifikant niedriger an als die Teilnehmerinnen. Der Unterschied beim EE war wiederum nicht signifikant ($p > .5$).

---

[1] *$p < .01$* steht für einen p-Wert unter 0,01. Weitere Angaben sind analog hierzu zu verstehen.

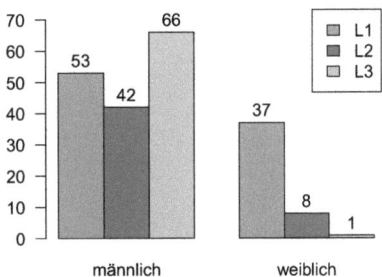

Die Abbildung zeigt die absolute Verteilung auf die selbsteingeschätzten Vorkenntnissstufen L1, L2 und L3 (siehe Tabelle 2.1) getrennt nach Geschlecht. *L1*: Keine Vorkenntnisse, *L2*: Längstes Programm unter 100 Zeilen Code, *L3*: Längstes Programm über 100 Zeilen Code.

Abb. 3.1: Selbsteingeschätzte Vorkenntnisse nach Geschlecht

Das Arbeitsheft wurde auf einer Skala von *1 = Ohne Nutzen* bis *5 = Sehr hilfreich* mit durchschnittlich 3,4 Punkten, die Hilfestellung des Tutors mit 4,5 Punkten bewertet. Signifikante Unterschiede der Bewertungen durch die Stufen L1, L2 und L3 konnten mit p-Werten zwischen 0,18 und 0,8 nicht festgestellt werden.

Abbildung 3.1 zeigt die Selbsteinschätzung der Vorkenntnisse getrennt nach männlichen und weiblichen Studierenden. Von den 162 männlichen Teilnehmenden gaben 33 % die Stufe L1, 26 % die Stufe L2 und 41 % die Stufe L3 an. Eine Mehrheit von 80 % der Teilnehmerinnen (37 der 46 Frauen) hat sich für die Stufe L1 *(Keine Vorkenntnisse)* entschieden.

3.2 V.A.R.K.-Lerntypen

Der V.A.R.K.-Lerntyp nach Fleming ergab bei 210 der 214 Teilnehmenden eine Zuordnung. Für 158 Studierenden konnte ein einzelner, also *unimodaler*, Lerntyp bestimmt werden. 50 Mal ergab sich eine Kombination aus zwei Lerntypen *(bimodal)*. In zwei Fällen wurde die *trimodale* Lerntypkombination AKR ermittelt. Das Verhältnis der 158 unimodalen zu den 52 bi- und trimodalen *(multimodalen)* Lerntypen kann in Abbildung 3.2 auf der linken Seite betrachtet werden. Die rechte Seite zeigt die Aufteilung unter den vier unimodalen Lerntypen.

3.3 Stereotypklassen

In der Umfrage wurde abgefragt, wie viel der Zeit am PC jeweils für die Möglichkeiten *Spielen von Computerspielen*, *Programmieren*, *Nutzung sozialer Netzwerke* und *Anderes* verbracht werden. Personen, die auf der 5-Punkte-Skala von *1 – (fast) gar nicht* bis *5 – (fast) ausschließlich* die Antworten vier oder fünf wählten, wurden den entsprechenden Stereotypklassen *Gamer*, *Programmierer* und *Socializer* zugezählt. Dadurch ergaben

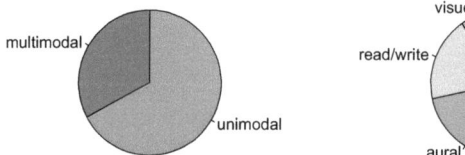

Abb. 3.2: Verhältnis der uni- zu multimodalen Lerntypen und Aufteilung der unimodalen Lerntypen

Tab. 3.2: Verteilung nach Stereotypklassen

Level	Gamer	Programmierer	Socializer
insgesamt	65	24	58
männlich	59	22	37
weiblich	5	1	20
L1	21	2	31
L2	19	2	10
L3	24	20	16

Die Tabelle zeigt die absolute Verteilung nach Stereotypklassen insgesamt und unterteilt nach Geschlecht und Vorwissen. L1, L2 und L3 sind die selbst eingeschätzten Vorkenntnisse der Teilnehmenden nach Tabelle 2.1. *L1*: Keine Vorkenntnisse, *L2*: Längstes Programm unter 100 Zeilen Code, *L3*: Längstes Programm über 100 Zeilen Code.

Genau eine Personen je Stereotypklasse gab kein Geschlecht an. Ein Gamer und ein Socializer gaben keine Vorkenntnisse an.

sich auch mehrfache Gruppenzugehörigkeiten und Abweichungen von der Gesamtzahl der Studierenden. Es konnten 65 Gamer, 24 Programmierer und 58 Socializer bestimmt werden. Die Gruppe *Anderes* mit 64 Studierenden wurde wegen fehlender Aussagekraft nicht in die Berechnungen einbezogen. Eine weitere Unterteilung der drei Stereotypklassen ist in den Tabellen 3.2 und 3.3 zu sehen.

3.4 Freies Feedback

Von den 18 erstellten Kategorien (siehe Kapitel 2.7) wurden bei sieben mindestens drei Meinungen summiert. 21 Personen äußerten sich positiv über den Kurs an sich, acht Mal wurden die Tutorin oder der Tutor gelobt, in fünf Fällen wurde eine schwierigere Aufgabe gewünscht, weitere fünf würden sich über zusätzliche Aufgabenstellungen freuen. Jeweils drei Personen wünschten sich mehr Zeit und ein größeres soziales Rahmenprogramm, etwa in Form von Gruppenspielen zu Beginn des Projekts. Die vollständige Auflistung der Kategorien ist im Anhang der Arbeit zu finden.

Tab. 3.3: V.A.R.K.-Stil nach Stereotypklassen und insgesamt

Gruppe	Insgesamt	Gamer	Programmierer	Socializer
Stärke	210	64	21	56
visuell	–	–	3 (14 %)	–
aural	41 (20 %)	15 (23 %)	4 (19 %)	13 (23 %)
read/write	30 (14 %)	7 (11 %)	–	9 (16 %)
kinästhetisch	73 (35 %)	17 (27 %)	5 (24 %)	19 (34 %)
AK	–	–	3 (14 %)	–
andere LT	66 (31 %)	25 (39 %)	6 (29 %)	15 (27 %)

Die Tabelle zeigt die Häufigkeit der Lerntypen unter den Teilnehmenden insgesamt und getrennt nach Stereotypklassen. *AK*: Kombination aus auralem und kinästhetischem Typ, *andere LT*: andere Lerntypen.

Die Prozentangaben in Relation zur jeweiligen Gruppenstärke sind aufgrund der geringen Absolutzahlen nur bedingt aussagekräftig, wurden jedoch aus Gründen der Vergleichbarkeit angegeben. Es wurden jeweils nur Typen und Typenkombinationen mit einer Häufigkeit über 10 % eingetragen. Niedrigere, z. B. 15 (7 %) visuelle Lerntypen in der Spalte *insgesamt*, wurden *andere LT* hinzugefügt. Ein Gamer, drei Programmierer und zwei Socializer, insgesamt vier Teilnehmende ohne bestimmbaren Lerntyp wurden ausgeschlossen.

4 Diskussion

4.1 Einschränkungen

Wie bereits eingangs im Kapitel 2.1 geschildert, ergab das Konzept und die Durchführung der Vorprojekte einige unvermeidbare Störquellen, wie etwa eine fehlende Randomisierung der Versuchsgruppen sowie ungleiche Bedingungen durch unterschiedliche Projekte und Betreuung. Weitere Störvariablen ergaben sich aus der Datenerhebung mit Hilfe des Fragebogens. Missverständnisse bei den Fragestellungen oder fehlerhaftes Ausfüllen, beispielsweise aus Unkonzentriertheit, können niemals völlig ausgeschlossen werden. Im Fragebogen wurden bewusst einfach formulierte und möglichst wenige Fragen eingebaut, um genannte Beeinflussungen gering zu halten.

Ein weiteres Problem stellte die Selbsteinschätzung der Studierenden bei der Anmeldung zu den Vorprojekten dar. Zunächst ist dadurch keine objektive Beurteilung der Programmierfähigkeiten erfolgt. Des weiteren stellte sich heraus, dass Teilnehmende ohne den Hintergrund der Anmeldung andere Vorkenntnisse angegeben hätten (Capovilla et al., 2014).

4.2 Vergleich der Projekte

Entgegen der Erwartung wurden keine signifikanten Unterschiede beim Erfolgserlebnis zwischen den Projekten *MasterMind* und *Reversi* gemessen. Dies widerspricht der Hypothese, dass das Vorwissen der Teilnehmenden oder die Vorgabe eines Grundgerüsts für *Reversi* bei den Vorprojekten einen Einfluss auf das Erfolgserlebnis ausgeübt haben. Ein kausaler Zusammenhang zwischen dem Vorwissen und dem Erfolgserlebnis kann jedoch dennoch nicht ausgeschlossen werden, da zahlreiche Störvariablen Einfluss auf das Erfolgserlebnis nehmen konnten. Beispielsweise könnten die Tutorinnen und Tutoren, die beim offenen Feedback besonders positiv hervorgehoben wurden, das Erfolgserlebnis beider Projekte bestimmt haben. Oder auch die unterschiedlichen Aufgabenstellungen der Projekte selbst bewirkten eine bessere, beziehungsweise schlechtere, Resonanz.

Der signifikant niedrigere subjektive Zuwachs an Wissen allgemein und Programmierkenntnissen im Speziellen bei Teilnehmenden des Projektes *Reversi* im Vergleich zu *MasterMind* lässt sich durch die unterschiedlichen Vorkenntnisse erklären. Womöglich ist der Schwierigkeitsgrad bei *Reversi* weiterhin zu niedrig und die Studierenden hatten deshalb nicht die Möglichkeit, ihr volles Potential auszuschöpfen. Darauf deuten auch die Bitten um eine schwierigere Aufgabe hin, die bei der Kategorisierung in Kapitel 3.4 ermittelt wurden. Es ist jedoch auch vorstellbar, dass mit steigendem Vorwissen das Erlernen neuer Fähigkeiten in einer vorgegebenen Zeit schwieriger wird oder zumindest als geringer eingeschätzt wird.

4.3 Projekterfolg

Die hohe Bewertung des EE, des Arbeitsheftes und der Hilfestellung durch den Tutor sowie die gute persönliche Resonanz lassen ein positives Bild der Vorprojekte an der Fakultät für Informatik zu. Der relativ geringere WZ und ZP der Teilnehmenden im Projekt *Reversi* scheint das Erfolgserlebnis nicht zu beeinflussen. Die Umsetzung der Wünsche nach mehr und schwierigen Aufgaben, die in Kapitel 3.4 genannt werden, sollte dennoch für nachfolgende Vorprojekte in Erwägung gezogen werden.

4.4 Geschlechtervergleiche

Der signifikant höhere WZ und ZP der weiblichen Studierenden ist vermutlich mit den Vorkenntnissen erklärbar. Wie in Abbildung 3.1 deutlich wird, hat sich der Großteil der Studentinnen in L1 eingestuft, während sich ihre Kommilitonen weitgehend gleichmäßig aufteilten. Somit ergab sich, dass sich lediglich eine Frau (2 % aller Frauen) in L3 einstufte, bei den Männern waren es hingegen 66 (41 % aller Männer). Auf den Zusammenhang von WZ und ZP mit den Vorkenntnissen wurde bereits in Kapitel 4.2 näher eingegangen.

Tabelle 3.2 zeigt, dass bei Frauen am häufigsten die Stereotypklasse Socializer bestimmt wurde, bei Männern überwiegt die Klasse Gamer. Aus Abbildung 3.1 lässt sich auch vermuten, dass Frauen weniger programmieren als Männer. Aus der Grafik wird ersichtlich, dass die Teilnehmerinnen deutlich weniger Kenntnisse im Programmieren angaben als die Teilnehmer. Wie von Barker et al. (2009) zusammengefasst, haben Frauen zum Beginn eines Informatikstudiums weniger Erfahrung im Programmieren. Eine Vorliebe von weiblichen Internetnutzern zu sozialen Aktivitäten konnte auch BITKOM (2011a) feststellen.

4.5 Stereotypklassen

Die Einteilung in die Stereotypklassen Gamer, Programmierer und Socializer ist kritisch zu hinterfragen. Die Gruppen basieren lediglich auf einer Frage über das rein subjektive Verbringen der Zeit am Computers. So wurde zum Beispiel die Nutzung von Spielkonsolen oder Spielen für mobile Endgeräte, die zweifelsfrei auf das Stereotyp Gamer deuten würden, nicht einbezogen. Ebenso zeichnet Socializer auch eine große soziale Kommunikation außerhalb des digitalen Raumes aus, was vernachlässigt wurde. Des weiteren wurde nicht die absolute Zeit am Computer abgefragt, welche auch einen Einfluss auf die Einteilung in Stereotype haben dürfte. Beispielsweise wurden Personen, die lediglich eine Stunde in der Woche den Computer nutzen, in dieser Zeit jedoch ausschließlich programmieren, der Stereotypklasse Programmierer zugeordnet, obwohl sie dem Stereotyp wohl kaum entsprechen.

64 Studierenden wurden der Stereotypklasse *Anderes* zugeordnet, eine ihrer Hauptbeschäftigungen am Computer wurden also nicht genannt. Ein erneutes Reflektieren der möglichen Beschäftigungen ergab, dass hier eventuell Streamingangebote wie Internetfernsehen und Videoportale sowie Informationsbeschaffung wie Zeitungen und Webblogs infrage kommen könnten. Für nachfolgende Evaluierungen der Vorprojekte mit gleicher

Fragestellung wäre es interessant, diesen Bereich durch eine offene Antwortmöglichkeit oder die Auswahl eben genannter Optionen näher zu beleuchten. Das könnte auch eventuelle Missinterpretationen bei der Beantwortung aufdecken, falls beispielsweise *Webseitenerstellung* nicht zum Programmieren gezählt sondern als *Sonstiges* angegeben wurde.

4.6 V.A.R.K.-Lerntypen

Die Ersteller des V.A.R.K.-Fragebogens stellen auf ihrer Webseite Daten über die Ergebnisse ihres Tests zur Verfügung. Dort wurde, jedoch unter Verwendung der englischsprachigen Version des Fragebogens und bei weltweiter Teilnahme, folgende Aufteilung der unimodalen Lerntypen festgestellt: visual 20,8 %, aural 24,4 %, read/write 27,6 % und kinesthetic 27,2 % (Fleming, 2014).

Bei den im Rahmen der Vorprojekte ermittelten Daten ist eine deutlich häufigere Einteilung in den kinästhetischen Lerntyp auffällig. Falls dieses Ergebnis auf das Studienfach der Teilnehmenden zurückgeführt werden kann, ließe sich hieraus eine deutliche Vorliebe von Informatikern zum kinästhetischen Lernen schließen. Das würde die Vermutung von Kalnishkan (2005) unterstützen, dass viele Informatikstudierende kinästhetisches Lernen bevorzugen.

Beim Vergleich der Lerntypen getrennt nach Stereotypklasse in Tabelle 3.3 kann eine leichte Häufung der Sozializer beim read/write-Typ beobachtet werden. Verglichen mit der Stereotypklasse Gamer ist der R-Typ um 6 Prozentpunkte mehr vertreten. Diese geringe Auffälligkeit könnte durch das entsprechende typische Verhalten erklärt werden.

Während soziale Kontakte am Computer in erster Linie durch das Lesen und Schreiben von E-Mails, Einträgen in sozialen Netzwerken oder ähnlichem gepflegt werden, basieren Computerspiele in der Regel auf optischen sowie akustischen Reizen. Nach dieser Annahme müsste jedoch der V- und A-Typ bei *Gamern* auffällig hoch sein, was nicht der Fall ist.

Die geringen Gesamtzahlen der bestimmbaren Lerntypen in den Stereotypklassen, insbesondere die nur 21 Programmierer, lassen eine weitere seriöse Auswertung dieser Antworten kaum zu. Es müssten weitere Daten erhoben werden, um verlässliche Unterschiede festzustellen.

4.7 Fazit

Die Vorprojekte an der Fakultät für Informatik erhielten eine hohe positive Resonanz und scheinen den Studierenden einen guten Einstieg zu ermöglichen. Das neu eingeführte Projekt *Reversi* wurde gut aufgenommen, es besteht jedoch noch Verbesserungspotential bei der Aufgabenstellung. Das Konzept, ein Game-Engine und ein Grundgerüst vorzugeben, scheint sich nicht negativ ausgewirkt zu haben. Den Hinweisen auf Auffälligkeiten bei den Stereotypklassen und Lerntypen könnte im Rahmen weiterer Befragungen bei nachfolgenden Vorprojekten genauer nachgegangen werden.

5 Verzeichnisse

Abbildungsverzeichnis

Tabellenverzeichnis

Literaturverzeichnis

Barker, L. J., McDowell, C. und Kalahar, K. (2009). Exploring factors that influence computer science introductory course students to persist in the major, **41**(1): 153–157.

BITKOM (2011a). Presseinformation – Das Internet ist keine Männerdomäne mehr. Online verfügbar unter `http://www.bitkom.org/files/documents/BITKOM_Presseinfo_Frauen_Internet_17_04_2011.pdf`. Zuletzt abgerufen am 6. Januar 2014.

BITKOM (2011b). Soziale Netzwerke – Eine repräsentative Untersuchung zur Nutzung sozialer Netzwerke im Internet. Online verfügbar unter `http://www.bitkom.org/files/documents/BITKOM_Publikation_Soziale_Netzwerke.pdf`. Zuletzt abgerufen am 6. Januar 2014.

BITKOM (2013). Presseinformation – 39.000 offene Stellen für IT-Experten. Online verfügbar unter `http://www.bitkom.org/files/documents/BITKOM_Presseinfo_IT-Fachkraefte_29_10_2013.pdf`. Zuletzt abgerufen am 6. Januar 2014.

Bloom, B. S. (1968). Learning for mastery.

Capovilla, D., Hoffmann, E., Waechter, C. und Hubwieser, P. (2014). Individualisierte Informatik-Vorprojekte im Übergang Schule-Hochschule. Im Druck. Hrsg: Carmen Leicht-Scholten und Ulrik Schöder. Veröffentlichung durch den Springer Verlag.

Capovilla, D. und Hubwieser, P. (2012a). Abschlussbericht Vorprojekte (Studienbeitrags-maßnahme 1.3), *Technischer Bericht*, Technische Universität München – TUM School of Education – Fakultät für Informatik – Fachgebiet Didaktik der Informatik.

Capovilla, D. und Hubwieser, P. (2012b). Ergänzungsbericht: Informatik in der Schule, *Technischer Bericht*, Technische Universität München – TUM School of Education – Fakultät für Informatik – Fachgebiet Didaktik der Informatik.

Carter, L. (2006). Why students with an apparent aptitude for computer science don't choose to major in computer science, **38**(1): 27–31.

Eidgenössische Technische Hochschule Zürich – Department of Computer Science (2014). Spielregeln Reversi, `http://www.vs.inf.ethz.ch/edu/I2/downloads/reversi-spielregeln.pdf`. Zuletzt abgerufen am 6. Januar 2014.

Fleming, N. D. (1995). I'm different; not dumb. Modes of presentation (VARK) in the tertiary classroom, *Research and Development in Higher Education, Proceedings of the 1995 Annual Conference of the Higher Education and Research Development Society of Australasia (HERDSA)*, HERDSA, S. 308–313.

Fleming, N. D. (2014). Research & Statistics, http://www.vark-learn.com/english/page.asp?p=research. Zuletzt abgerufen am 6. Januar 2014.

Gamma, E. (2004). *Entwurfsmuster – Elemente wiederverwendbarer objektorientierter Software*, Pearson Deutschland GmbH.

Hubwieser, P. und Berges, M. (2011). Minimally invasive programming courses: learning OOP with(out) instruction, *Proceedings of the 42nd ACM technical symposium on Computer science education*, SIGCSE '11, ACM, New York, NY, USA, S. 87–92.

Kalnishkan, Y. (2005). Learning style models and teaching of computer science.

Sedlmeier, P. und Renkewitz, F. (2008). *Forschungsmethoden und Statistik in der Psychologie*, Pearson Studium München.

Statistisches Bundesamt (2013). Bildung und Kultur – Schnellmeldungsergebnisse der Hochschulstatistik zu Studierenden und Studienanfänger/-innen – vorläufige Ergebnisse –, *Technischer Bericht*, Statistisches Bundesamt, Wiesbaden.

Technische Universität Dresden – Fakultät Informatik (2014). Anleitung Othello, http://www.inf.tu-dresden.de/content/institutes/ki/awv/uebungsmaterial/uebung05/Othello_Anleitung.pdf. Zuletzt abgerufen am 6. Januar 2014.

Unity Technologies ApS (2014a). Unity - Game engine, tools and multiplatform, http://unity3d.com/unity/. Zuletzt abgerufen am 6. Januar 2014.

Unity Technologies ApS (2014b). Unity - License Comparisons, http://unity3d.com/unity/licenses. Zuletzt abgerufen am 6. Januar 2014.

Anhang

Auswertung der Kategorisierung

Nach jeder Kategorie werden die IDs aus den jeweiligen Antwortdatensätzen in *R* genannt. Mehrfache Eintragungen sind möglich.

Allgemeine Zustimmung:	4	41	45	51	64
	71	79	85	98	102
	118	148	162	171	172
	177	182	217	221	229
Mehr Arbeitsaufträgen:	8	115	118	189	224
Schwierigeres Projekt:	11	13	15	177	(Tutor)
Tutor positiv:	13	37	41	50	91
	162	171	218		
Fragebogen negativ:	21	60			
Beginn später:	23				
Technikprobleme:	26				
Einführung:	33	107	119	171	
Arbeitsheft negativ:	36	168			
Eigenes Tempo positiv:	41				
Mehr social Activity:	50	186	189		
Kleinere Gruppen:	50	97			
Arbeitsheft vorher ausgeben:	50	78			
Mehr Zeit:	97	98	115		
Musterlösung:	152				
Große Gruppenaufgabe:	160	161	189		
Bessere Gruppenbildung:	175